¿Somos una *Mierda...?*

LA IDENTIDAD NACIONAL Y EL EFECTO MULTIPLICADOR

Guiovani Gastañaga Alvarez

¿SOMOS UNA MIERDA...?

LA IDENTIDAD NACIONAL Y EL EFECTO MULTIPLICADOR

Autor – Editor:

GUIOVANI GASTAÑAGA ALVAREZ

Av. Prolongación Paseo la República 7719 Dpto 402 – Santiago de Surco – Lima – Perú. Teléfono fijo +514919417 – móvil +51 998462606

e-mail: guigasalva@gmail.com ; materialdeguera2011@hotmail.com

Primera edición:

Hecho el Depósito Legal en la Biblioteca Nacional del Perú.

Nº 2019-07331

ISBN: 978-612-00-4463-6

ISBN impreso: 979-822-75-5709-4

"*Falso y carente de ambiciones es aquel hombre que en su vida cotidiana pregona y pide a todo el mundo que no quiere tener problemas.*

Ésta falacia de la vida del hombre que rehúye de los problemas, solo es la manifestación del refugio de la incapacidad o debilidad con deseos utópicos, para enfrentar o escapar de la realidad que la vida nos entrega todos los días.

Hombre que no tiene problemas no es hombre, porque el problema en realidad es el incentivo que se recibe día a día para poder hacer funcionar la maquinaria pensante y racional que Dios y la naturaleza nos ha dado, con la finalidad de poder encontrar el camino de la solución; en consecuencia, sin problemas la vida no tendría sentido".

Guiovani Gastañaga Alvarez

DERECHOS DE AUTOR

EL AUTOR EDITOR AUTORIZA LA IMPRESIÓN Y PUBLICACIÓN DE LA PRESENTE EDICIÓN POR MEDIO DE DRAFT2DIGITAL.

Guiovani Gastañaga Alvarez
Autor - editor

ÍNDICE

PRÓLOGO

Estoy completamente seguro que la primera impresión que has tenido con el título de la carátula de este libro es muy impactante y fuerte, que podría significar un insulto, un vejamen, una afrenta por ser muy ofensivo de manera gravísima sobre el Perú y las personas, por atentar contra su dignidad, en contra de su honor, su credibilidad, etc.

Quiero hacer resaltar que el Perú se constituye en una tierra bendita y donde se puede rescatar muchos valores y fortalezas de mucha gente que pueden hacer grande este país; sin embargo, tenemos muchas inconsistencias y formas de proceder con carencias para poder integrarnos, que no permite dejar de lado nuestros odios y rencores, nuestras pugnas políticas desde que nacimos como República en el año 1821 a la actualidad; y como si tuviéramos una vida eterna, nos pisamos entre nosotros, nos aplastamos, nos ofendemos, no nos respetamos, y otras cosas más que me faltaría líneas y tal vez párrafos para enumerar una serie de hechos.

Por tanto, bajo este tipo de conductas producto de la genética y/o de la crianza, en el camino futuro sin que existan cambios de proceder, podríamos estar bajo la lupa con una alta probabilidad de construir una sociedad dentro del Perú que respondería afirmativamente a la interrogante del título de este libro.

Mis respetos y mis disculpas a todos aquellos hombres y mujeres peruanos de bien, que de manera incondicional, sin que exista una ambición y envidia exacerbada, han dado y están dando todo de sí, para lograr una sociedad digna y a la altura de las circunstancias.

Sin embargo, una reflexión para que puedan cambiar todos aquellos ciudadanos que evidencian la conducta genética o de crianza cargada de un alto grado de Individualismo Personal e Individualismo Colectivo de manera natural y en muchos casos frecuente, con el solo propósito de satisfacer sus ambiciones y pretensiones y que no permite que el Perú alcance una Identidad Nacional y un desarrollo sostenido.

El espíritu del libro es proponer a la educación como efecto multiplicador y única alternativa de solución para construir una nueva sociedad con un rumbo y orientación diferente de la que estamos en la actualidad viviendo, la misma que responda en el futuro a la ponderación, a la objetividad, a la probidad, a la abnegación, a la solidaridad, a la buena fe en todos nuestros actos, y de esta manera se logre fortalecer nuestra Identidad Nacional.

Este pequeño libro establece que para lograr ese efecto multiplicador que tendría como objetivo una sólida Identidad Nacional, solo se podrá hacer sí y solo sí, cuando cada acción de cada peruano por más mínima que sea en las siguientes tres generaciones contribuya en cualquiera de sus maneras o formas a que se dé viabilidad a estos dos preceptos:

"Por nuestros propios intereses, dejemos de lado a quienes quieren torpedear toda opción y posibilidad que permita que la economía del país pueda ponernos dinero en nuestros bolsillos".

"Por nuestros intereses y ego personal comencemos a impulsar que nuestros hijos tengan mejores oportunidad de educación que nosotros".

Guiovani Gastañaga Alvarez

CAPÍTULO 1

FRASES CELEBRES DE UN PERUANO

La conducta normal, que también la podríamos definir como una conducta social, viene a ser aquella que cumple y se adecúa a las convivencias establecidas dentro de una escala de valores aceptada por la sociedad dentro del ámbito que se desarrolla el hombre, en donde los parámetros permiten a los individuos diferenciar entre el bien y el mal, lo correcto de lo incorrecto, y de esta manera mantener la integridad individual y colectiva en cualquier acto sin que se vea agredida y permita al hombre construir y alcanzar el bien común.

Sin embargo, en nuestro país llamado Perú, al parecer la escala de valores que aceptamos en nuestra vida cotidiana está lleno de agravios, de menoscabos, de inconsistencias, de el reducirnos y de muchas contradicciones.

Eso me trae a la memoria grandes frases célebres peruanas que aceptamos como un corte normal y cotidiano, entre otras mencionamos a los siguientes:

"Un peruano mata a otro peruano";

"Dime de que están hablando para que me oponga";

"No sabes con quien te estás metiendo";

"Los peruanos somos como los cangrejos negros, porque ellos solo se jalan los pies";

"No nos disparemos a los pies";

"Indios de mierda";

"Cholo de mierda";

"Yo defiendo a los más necesitados";

"Corruptos…";

"Perú madre de hijos ajenos y madrastra de sus propios hijos";

"Tránsfugas";

"Me han tergiversado mis palabras";

"Mendigo sentado sobre un sillón de oro";

"Rico en recursos naturales pero pobres en recursos humanos";

"No a la impunidad";

"¿Cómo es?", o "¿Cuánto hay?";

"Jefe para la gaseosita";

"Ya pe, compadre, para la gasolina";

"Mira tú sabes demanda mucho trabajo es complicado pero si tú… me entiendes no";

… etc., etc., etc.

Para poder entender esas frases célebres es necesario que primero comprendamos que la personalidad y la forma de ser del peruano proviene de una conducta natural que no permite que el país pueda constituirse en una tierra integrada con objetivos únicos para consolidarse como un estado competitivo, con calidad de vida entre sus ciudadanos, sin intereses subalternos, para lograr las condiciones de riqueza y dejar de lado las cosas nefastas que hacen daño a la sociedad blanquita, chola, criolla, morena y relegada.

Las causas de esta desgracia provienen del estereotipo enraizado de que nuestra conducta genética y/o de crianza proviene de lo que yo definiría como un **"Individualismo Personal y un Individualismo Colectivo característico de nosotros"**, que viene en realidad a ser el egoísmo y la envidia exacerbada; teniendo en cuenta que el Individualismo se constituye en el amor y el respeto por nosotros mismos, en la cual solo se busca nuestro propio bienestar en todo momento, actuando con libertad para cumplir con nuestros sueños; que lo personal se refiere al propio individuo y lo colectivo a la coincidencia para cumplir un mismo sueño, un mismo objetivo.

Estas dos causas tienen como base como dijimos el alto grado de "egoísmo y envidia", que para muchos lo definen en referencia al amor excesivo e inmoderado que una persona siente sobre sí misma y que le hace atender desmedidamente su propio interés, con el cual el egoísta no se preocupa por el interés del prójimo y rige sus actos de acuerdo a su absoluta conveniencia.

Dígame, querido amigo, que lees éste libro, sincérate contigo mismo y luego respóndeme: ¿cuán egoísta y envidioso exacerbado eres?

Ponte la mano en el pecho y pregúntale a tu propia conciencia antes de calificarte.

El *"Individualismo colectivo"* se configura en la unión espontánea sobre la base de intereses mutuos exacerbados de dos o más personas para buscar un beneficio común, desde lo más pequeño que este fuera, hasta lo más grave y complejo que se pueda calificar, como el nacimiento o la fuente de la asociación ilícita para delinquir, de las bandas organizadas, las organizaciones criminales, etc., donde se identifican coincidencias comunes exacerbadas.

Ahora te vuelvo a preguntar estimado amigo lector:

¿En cuántas ocasiones te has juntado con otros para hacer algo que no sea correcto con el solo fin de buscar tu beneficio?

Responde a tu conciencia y a la escala de valores que tengas. Seguro que te llevarás algunas sorpresas.

Si hacemos un análisis cronológico de todos los datos existentes desde el nacimiento del Perú, creo que esta conducta con un sentido de Individualismo Personal y Colectivo que hace mucho daño a nuestro país se fortalece con la conquista del Perú por parte de los españoles.

Considero que, si bien es cierto que durante la conquista del Imperio incaico se encontraron dos culturas diferentes, con formas de vivir distintas, con costumbres y hábitos diferentes, ellos tenían algo en común, ese Individualismo Personal y ese Individualismo Colectivo, que comparado con otras culturas, poniendo en una escala del 1 al 10 el nivel de grado de egoísmo y envidia, tranquilamente calificamos al peruano con 12 de nota, en contraste a otros que razonablemente podrían registrar puntajes menores al 10.

Si nos preguntamos, por qué se crean las leyes en un país para reprimir o regular las conductas de los hombres dentro de una sociedad, la respuesta es muy simple, solo se hacen porque han existido hechos y causas que evidencien malas prácticas; en consecuencia, aunque muchos pueden decir que existió o no el código inca, "Ama Llulla" (no seas mentiroso), "Ama Sua" (no seas ladrón), "Ama Quella" (no seas flojo), este debió haberse impuesto simplemente porque en el Imperio incaico sí había incas con conductas de ladrones, flojos y rateros.

Otra evidencia tomada como ejemplo es la guerra civil entre Huáscar y Atahualpa, en la cual solo se refleja una lucha por el poder que prácticamente llevó al imperio a ser posteriormente devastado, lógicamente por los intereses personales.

Del mismo modo, ¿crees, tú, que la caída del Imperio incaico fue producto solo de las acciones que hicieron únicamente unos cuantos conquistadores que dieron lugar al sometimiento integral, que posteriormente por cerca o más de tres siglos desmanteló las riquezas existentes de este país por ambiciones exacerbadas? La respuesta es muy simple, fueron apoyados por algunos "felipillos", "almagrillos" y todos los "illos", que por sus intereses personales, individuales y colectivos satisficieron también sus ambiciones.

También como indicativo tenemos el proceder de la panaca, que estaba formada por la familia y toda la descendencia del inca, y que era, la encargada de mantener el recuerdo del inca fallecido, de realizar las ceremonias en su nombre y sobre todo de "cuidar de sus bienes y alianzas hechas en vida", en esencia mantener la obra realizada. Este aspecto es importante resaltar porque hasta la actualidad arrastramos ese problema, en razón que el que entra a gobernar o toma un cargo, cual fuera el rango, desconoce las obras y las acciones que deja el saliente, por lo general lo modifica, hace que lo critiquen, lo cambia, o bajo efectos populistas y de protagonismo se dedican a rebuscar todas las obras realizadas con auditorías y acciones de control; en consecuencia, la función de la panaca en la época de los incas también ya reflejaba acciones para contrarrestar el proceder de los sucesores; aunque, también se podría interpretar que era para cubrirle las espaldas de las cosas malas que se habrían hecho.

No podemos dejar de mencionar que la convivencia que existió entre los incas y los conquistadores y sus proles generó una fuerte unión de estas dos razas, simplemente como producto de la coincidencia del Individualismo Personal y Colectivo entre ambas culturas. Tal fue esta coincidencia de intereses que se encubaron, que otros tuvieron que venir a libertarnos.

Quiero hacerles recordar que durante toda la vida republicana del Perú, desde su inicio hasta la actualidad, hemos vivido con permanentes pugnas y odios políticos, cuya finalidad siempre ha sido capturar el poder, sea cual fuere el mecanismo, porque siempre este se ha visto como una fuente de enriquecimiento. Como antecedentes me faltaría papel para hacer refrescar nuestra memoria: los negociados del guano de isla, la compra de conciencias en la salita del Servicio de Inteligencia, las coimas que ahora se están evidenciando en los tres últimos gobiernos, donde se registran millones de dólares que tal vez hubieran servido para combatir la anemia, ayudar a diversos programas sociales, además de lo bondadosos que fuimos en pagar obras sobrevaloradas, son muestras que ratifican que el Individualismo Personal y Colectivo arraigado son una marca natural de nuestra conducta.

Díganme, ¿cómo podríamos respondernos y sentirnos ante la declaración efectuada por Jorge Barata respecto a que Alejandro Toledo reclamaba de manera muy impulsiva y soez las demoras en el pago de coimas de más de 30 millones de dólares por parte de la cuestionada constructora brasileña con la expresión "Oiga, Barata. Paga, carajo"?, o ¿cómo sentirnos de que otros para mantenerse en el cargo se hacen financiar una campaña contra una revocatoria por unos tres millones dólares, o en el caso de aquellos de recibir aportes de campaña y tal vez utilizarlo para su propio beneficio y crear una fortuna personal?, y ¿cómo respondernos que un sinnúmero de funcionarios, autoridades, abogados, periodistas, etc., etc....etc^n, reclamaban ser aceitados, mientras este benefactor país llamado Perú era la chacra natural de la empresa Odebrecht y OAS?. No olvidemos las acciones de nuestros amigos del Club de la Construcción conformado por empresas privadas coludidas con funcionarios del Estado, donde se repartían la ejecución de las obras bajo un cronograma establecido: una para esta, otra para esa, la otra para aquella, etc.; del mismo modo, dicen que para las coimas que tenían que ofrecer producto de las licitaciones todos hacían una chanchita que alcanzaba una suma que bordeaba el orden del 3% del monto del contrato.

Tal vez son ironías de la vida por las que no sé si debamos llorar o hacernos de la vista gorda. Entre diversos casos me hace recordar el pasado mes de marzo del 2019, donde se registró un incendio de grandes proporciones en el centro de la ciudad de Lima. Algunos bomberos resultaron con graves quemaduras que se originaron porque los trajes que usaban eran de segunda, donados por otros países, que ya no cumplían con los estándares para su uso; decían ellos que comprar uno nuevo era muy caro porque costaba alrededor de unos 5 000 dólares. Sin embargo, vemos que Lava Jato muestra el Individualismo Personal y Colectivo 100% puro, de cómo es la naturaleza genética o de crianza del peruano, pues en vez de que se hubieran llevado esas suculentas cantidades de millones de dólares a sus casas y de haber pagado obras sobrevaloradas, les pregunto:

¿Cuántos equipos o trajes de bomberos podrían haberse comprado con estas chiquitas de millones de dólares?

Otra evidencia del Individualismo Personal e Individualismo Colectivo es cómo dieron los grandes negociados de nuestros recursos naturales, llenos de traiciones que fueron en contra de los intereses nacionales en décadas anteriores, esto ratifica que la conducta del peruano viene cargada de ambiciones y envidias muy peculiares y elevadas en alto porcentaje. Entre muchos casos que acaecieron como muestra mencionamos, al Contrato Dreyfus, relacionado al negociado de la explotación del guano de isla, o de cómo el Ejército del Sur comandado por Montero nunca llegara a reforzar la campaña del sur durante la guerra con chile, y que posteriormente ocasionara la pérdida de Tarapacá y Arica y el sometimiento de Tacna hasta el año 1929, porque creían que, si su intervención lograba una victoria sobre el invasor, este logro ayudaría a otros a tomar el poder.

Los tratados de demarcación de nuestras fronteras, que el Perú fue firmando a lo largo de su vida republicana, progresivamente menguaron el vasto territorio que éramos a lo largo de los cuatro suyos en la época de los Incas. Durante la república, que nació en el año 1821, el Perú disponía de 2 133 389 km^2, luego por diversas razones nefastas producto de guerras perdidas, de otras que fueron ganadas y con negociaciones diplomáticas no adecuadas, se perdió unos 853 574 km^2, y ahora solo de territorio terrestre alcanzamos 1 285 215.6 km^2. Es bueno recordarles que con el Ecuador perdimos 107 794 km^2; con Colombia, 120 272 km^2; con Brasil, 451 284 km^2; con Bolivia, 91 726 km^2 y con Chile, 64 191 km^2; eso también es un reflejo de qué tan filantrópicos somos con otros y cuán bondadosos somos con nuestros intereses personales, por eso somos "madre de hijos ajenos y madrastra de nuestros propios hijos".

En este sentido, viendo la nuestra de muchos hechos que acaecieron durante nuestra historia republicana, te pregunto, querido lector, ¿crees que en realidad somos una mierda…?

Otro aspecto que agregar viene a ser que la educación en el Perú en el fondo siempre ha sido relegada sin que tenga el estatus y la importancia con la cual otros países del mundo la catalogan. Eso es porque para los políticos, con excepciones, su fin siempre ha sido el mantener al pueblo ignorante y de esta manera sea más fácil convencer a la masa electoral para poderse elegir o reelegir. A pesar que algunos implementaron algo de infraestructura construyendo colegios y desarrollando algunos programas educativos, en realidad y en el fondo no habido la importancia necesaria para este campo.

A partir de los años en que apareció la televisión y luego el internet, surgió un nuevo fenómeno muy interesante en la vida del país y también de aporte para la educación, aunque este aporte en muchos casos fue y es distorsionado. Como al peruano no le gusta leer y mejor se le adapta el ver y escuchar, porque somos una cultura oral, la información obtenida por estos medios comenzó a educar al pueblo en general de acuerdo a lo que escuchan y ven. Es así que ante este fenómeno muchos políticos y todos aquellos peruanos que ayudan a esta causa de mantener ignorante a la masa electoral, no se quedaron, y se reciclaron. Ahora utilizando estrategias de desinformación, a través de los medios de comunicación, el internet, las redes sociales como Instagram, Facebook, Twiter, se manipula la información y se crea mucha duda de la realidad, porque por un lado escuchas una cosa, en otro lado otra cosa, y así sucesivamente. A esto se suman los resultados emitidos por las encuestadoras que ablandan u orientan al pueblo con ciertas tendencias, que no sabemos en realidad qué grado de confiabilidad contiene su información o que en el fondo lleva un mensaje subliminal.

Entonces preguntémonos, ¿quién tiene la verdad?, ¿cuán ciertos serán los resultados de las encuestadoras? ¿Y estas acciones cómo influyen en la educación del pueblo?

Es bueno tener presente el enunciado del periodista español Valentín Justel Tejedor en un escrito titulado "La influencia de los medios de comunicación en la sociedad contemporánea":

"…Los medios de comunicación de masas sobre la sociedad es innegable. En unos casos esta capacidad de intervención sobre el individuo y por ende, sobre la colectividad social puede resultar beneficiosa; sin embargo, en otras ocasiones, puede tener un efecto realmente perjudicial…".

Agregando a lo expresado en párrafos anteriores, respecto a la incidencia que podría tener el fenómeno de mantener ignorante siempre a la masa electoral te pregunto a ti, lector, dentro de muchas cosas e inconsistencias evidentes, lo siguiente: ¿cuánto tendrán que ver los errores identificados en los libros escolares?, ¿por qué la carrera magisterial está entre las carreras peor pagadas en el Perú?

Es bueno recordar que en otros países como Corea del Sur el que más gana es el profesor. ¿Será por eso que ese país se habrá desarrollado tanto?

¿Ustedes no creen que el efecto de todo lo mencionado sea la causa de que no hayamos avanzado casi nada en nuestra vida republicana? Por ejemplo, si comparamos el año 1900 con la actualidad, realmente seguimos igual, porque en esos años también éramos dependientes de lo extranjero. Y ahora muchos dirán que hay más tecnología: tengo celular, existe la computadora, pero el país sigue igual porque seguimos siendo los mismos dependientes, no hemos hecho casi nada para fabricar muchas cosas. Creo que hasta las agujas provienen de China y nosotros… ¿qué? Del mismo modo, se siguen manteniendo las peleas y pugnas políticas por igual y no ha habido un cambio.

Del punto de vista de la geografía, el Perú en realidad es una tierra bendita. Si bien es cierto que se ubica en una zona con probabilidades de movimientos sísmicos por la existencia de la placa de Nazca, o que en los primeros meses del año los efectos del fenómeno del niño o del friaje en algunas regiones de la sierra puede ocasionar estragos, me ratifico en mi posición de que es una tierra bendita, porque acá no se registran guerras o acciones de carácter cultural o de fanatismo religioso, como por ejemplo el islamismo radical que irradia hacia otras urbes del mundo; o guerras donde se devastaron ciudades enteras y exterminaron millones de personas, como fueron la primera y segunda guerra mundial; o de aquellos otros países que siempre están en pie de guerra permanente como por ejemplo Israel y Palestina entre otros. No es una zona endémica general, que se pueda llevar grandes cantidades de personas a la tumba; no es una zona de hambruna, donde se carezca de recursos animales, vegetales y donde a nuestra población se les vean las costillas como teclas de piano o cuerdas de arpa para animar una fiesta "chicha", un "hip hop", un "reggae" o una salsa tipo "salserín con mucho swing"; no se registran tornados y huracanes, aunque tenemos chozas de paja o calamina precariamente colocadas que con solo una brisa de viento las tenemos en el suelo; no es una región donde se registren temperaturas extremadamente altas o bajas. Es un país que dispone de muchos recursos minerales, animales y vegetales ubicados en tres grandes regiones, es prácticamente una superpotencia de biodiversidad, porque dispone de una gran variedad de bienes y servicios que proporciona la rica flora y fauna. Además a esto se suma, según muchos especialistas, que se dispone de 28 climas y 84 microclimas. Por tanto, el Perú no es un país peligroso, es realmente un país bendito.

Sin embargo, existe el nepotismo, la indiferencia, porque a pesar de saber que no se debe construir casas sobre los lechos de los ríos, somos campeones invadiendo y sacando la vuelta para poner una piedra, o sino preguntémosle a los pobladores y autoridades de Chosica qué les sucede todos los años; la respuesta es la misma. De igual manera, la indiferencia de acciones de prevención y desarrollo por parte de las autoridades del gobierno central y de aquellas regiones donde se registran bajas temperaturas todos los años ocasionan que muchos niños se mueran en la punas.

Otro aspecto que quisiera que me respondan, es ¿cómo se otorgan las licencias de construcción de edificios que no cumplen con los estándares de ingeniería?, o ¿cómo supervisan las municipalidades cuando las personas prefieren tomar los servicios de un maestro de obra para construir un tercer, cuarto o quinto piso en su casa?; lógicamente estas construcciones se convierten en bombas de tiempo ante un fenómeno natural. O no se han percatado de las telarañas de cables de corriente eléctrica, teléfono, cable video colgados entre un mar de postes en las ciudades, que se convierten en una amenaza de incendios y que también ayudan a colgarse ilegalmente para acceder a estos servicios. O ¿será la infraestructura para que el hombre araña pueda operar para asistir a la población para garantizar su *vida e integridad, de los que nos asaltan, de los sicarios que asesinan?, ¿Y la seguridad ciudadana...qué?*

De un punto de vista físico - químico, para que funcione todo, como por ejemplo la tierra, para que gire sobre su propio eje al moverse alrededor del sol, es necesario que existan fuerzas opuestas generadas por sus polos. Tomando con base esto, está comprobado que para que funcione algo es necesario que exista un "equilibrio de sistemas", es decir, para que se pueda encender un foco se necesita un polo positivo y otro negativo, para crear a un ser humano se necesita de lo que tiene un varón y lo que tiene una mujer, hasta una democracia se basa en el equilibrio de poderes, o cuando visualizamos un mal sabemos que su contraparte es el bien y para un negro hay un blanco; así podríamos enumerar un sinnúmero de aspectos. En este caso, como se indicó del punto de vista geográfico, el Perú es realmente una tierra bendita, es un paraíso, con lo cual estoy completamente de acuerdo, pero para que se cumpla el equilibrio de sistemas, entonces, queridos amigos, la contraparte no quiero pensar que será, ¿la gente de M... que lo habita? Bueno, ¿cuál es su opinión, lector?

La teoría de equilibrio de sistemas desde el punto de vista físico-químico, de la calificación planteada en la interrogante del título de este libro, ambos contrastados con la geografía bendita que tiene el Perú, con lo manifestado desde una óptica sicológica que establece el alto grado exacerbado de egoísmo y envidia que refleja la conducta permanente y no adecuada de muchos peruanos ¿no creen que ratifica el enraizado Individualismo Personal y Colectivo que tenemos en muchos de nuestros actos?

Como ejemplo demos una mirada a la actitud de la cultura "ómnibus estresado". En todas las ciudades del Perú este se convierte en un fenómeno fuera de serie y de carácter espectacular, se viene cargado de alto grado de Individualismo Personal y Colectivo genético y de crianza, pues la escala de valores normal está marcada por la acumulación de gran cantidad de papeletas y la indiferencia de todos, que pareciera ser más bien un referente de competencia para lograr obtener el récord Guinness. Pero no solo son los choferes y los cobradores, sino que también de este fenómeno forman parte los mismos pasajeros. A ver, díganme, ustedes, ¿cuántas veces han inducido a un chosicano, a una "73", a un "cocharca" u a otro vehículo de transporte para que se apure o corra a la "gana gana" porque estás apurado o simplemente por tu palomillada? Del mismo modo, díganme si no respetas los paraderos y exiges que se te recoja o deje en cualquier lugar, en lo cual se han dado casos que, por no aceptar ese requerimiento, los choferes han sido agredidos. No obstante, lo contradictorio viene a ser que otros choferes más bien han hecho bajar al vuelo a sus pasajeros sin que medie razonabilidad y cuidado por la vida, incluso arrastrándolos varios metros ante la mirada indiferente de los demás, algunos fallecieron o quedaron parapléjicos.

Pero la cultura "ómnibus" no solo es en el ámbito urbano, sino también en el interprovincial, donde transportistas y pasajeros confluyen sus intereses y se comprenden magníficamente para que se realice de manera irregular un viaje a algún lugar del país ante la mirada indiferente o de la vista gorda de las autoridades. Por una parte, sin terminales ni condiciones adecuadas proporcionan los medios de transporte; por otra, los pasajeros que son la población que por economizar unos cuantos soles no les interesa qué les pueda pasar más adelante, lo que los convierte en cómplices, configurándose en un Individualismo Colectivo, fruto de que tanto la escala de valores de los transportistas y de los pasajeros coinciden plenamente.

Otro ejemplo que tenemos y dime, tú, ¿cuántas veces, por no caminar algunos metros, preferiste poner tu vida en riesgo y temerariamente cruzaste la

Panamericana Sur u alguna otra vía o avenida que era exclusiva para vehículos a pesar de haber puentes peatonales? Sin embargo, como es este país contradictorio y paradójico, algunos feligreses por ser muy respetuosos a las reglas y cuidar de su vida usan el puente, pero, se encuentran con un amigo de lo ajeno que lo espera, y apuntando una pistola, lo invita a que le preste todas sus cosas, y que, si te rehúsas automáticamente, compras un boleto en clase vip para visitar a San Pedro, y, si fuiste malo en la vida, para saludar a Don Sata.

Otro aporte referido a cómo es la conducta del peruano lo explicamos en lo siguiente:

Mí querido, lector; has escuchado lo que es la ley del samurái y del triste perro de puna con la cola bajo las patas.

Bueno, cuando un peruano tiene la oportunidad de dirigir un cargo de responsabilidad, es decir, el ser jefe, lo inicia como escobita nueva o como una entrada de caballo, donde profesa rectitud, transparencia, trabajo para todos los demás, lucha frontal a la corrupción y donde dice que su gestión será la mejor en comparación de los demás. Su actitud es como la del samurái, que por su honor si es necesario se quita la vida con su espada, aunque en realidad esa actitud por lo general va cargada de otras cosas como son el desconocimiento de las obras dejadas por los que cesaron en el cargo, busca el aplauso, el ensalzamiento en las encuestas, y consecuentemente la población y los ayayeros se convierten en los hinchas de la tribuna. Pasan los días y los meses y la realidad empieza a emerger y los frutos no son lo que deberían ser. Entonces, empiezan las pugnas, las tendencias de derrumbar, de vacar, las encuestas ya no lo ensalzan, sino lo minimizan, y así su periodo se va deteriorando progresivamente hasta que termina como el triste perro de puna con la cola bajo las patas, y tal es que al dejar el cargo, la jefatura, etc. los amigos, la población y los ayayeros ya no tienen las mismas prerrogativas como cuando eran sus hinchas al gobernar. Muchos dicen "ahora es el momento de que dé un paso al trasfuguismo", "mejor me cambio de equipo", porque es más importante para sus intereses personales que ser solidario con el país o con la organización con la cual fue elegido; sino preguntémosle a muchos congresistas o políticos que saltan de bancada en bancada o crean más bancadas, o que se van acomodando en otras organizaciones o partidos políticos donde puedan continuar brillando.

Otro aspecto que agrego y pongo a consideración de ti que lees este libro, si es válido, es lo siguiente:

"El rumbo del país lo comparo con un bote de náufragos en plena alta mar en la cual todos son marineros, y en ese instante nadie sabe qué hacer. En esa circunstancia alguien toma la voz de comando y todos lo apoyan. Entonces este dice "rememos hacia el norte", y todos los marineros apoyan al elegido y reman hacia el

norte; sin embargo, pasan los días y entre los mismos marineros empieza el descontento, empiezan las manifestaciones de rechazo, de ambición por tomar el mando del bote, expresando "¿qué se cree ese?, nos está matando. Yo lo haría mejor". De esta manera todos los demás se confabulan, derrocan al que comandaba el bote. Otro marinero outsider nace, todos lo aplauden, toma el mando del bote y ahora dice "bueno, nos vamos hacia el sur", y todos empiezan ahora a remar al sur. Así sucesivamente el bote, una y otra vez, cambia de marineros que lo comandan. Pero el bote en vez de avanzar en una sola dirección, simplemente está rotando en altamar".

CAPÍTULO 2

A LO GENÉTICO Y DE CRIANZA SE SUMA LO DULCE

Pareciera sarcástico lo indicado en el capítulo anterior o simplemente parodias o expresiones fuera de contexto sobre nuestra historia y nuestra conducta; sin embargo, la pregunta que tendría en realidad que hacernos es que si ¿somos una mierda o no?, una interrogante que va directamente a la yugular de cada lector. Antes de criticar o pensar que se está ofendiendo a la historia del Perú o la dignidad de cada persona, primero, cada uno de nosotros, hagámonos un autoexamen y preguntémonos si realmente nos podemos calificar como tal o no. Esa respuesta tú mismo te la darás. Pero, antes de iniciar esta autocrítica, primero recuerda las palabras de Jesús ante las pretensiones de los fariseos y escribas respecto de la mujer adúltera:

"*Aquel de ustedes que esté libre de pecado, que tire la primera piedra*".

Luego del autoexamen, recién te responderás si alguna vez o de manera frecuente has cometido actos que manifiesten un Individualismo Personal y que junto con otros desencadenaron en Individualismo Colectivo, en donde se haya evidenciado, entre muchas cosas, las que se menciona a continuación:

¿Eres o fuiste un evasor de impuestos?;

¿Obtuviste notas aprobatorias en tus exámenes haciendo trampas o plagios?;

¿Tiene un título bamba emitido por los rectores de Azángaro?;

¿Cuántos videos bamba compraste de mesa redonda o el hueco, sin respetar el derecho de autoría?;

¿Para alcanzar un trabajo alguien te dio apoyo con un "Tarjetazo" o fue el apoyo de algún compadrito?;

¿A una candidata a un trabajo, o al promoverla para ascender, le hiciste propuestas indecentes?;

¿Te corrompiste y pediste algún diezmo?;

¿Cuantas veces te pasaste una luz roja con adrede, sin medir el daño que puedes haber ocasionado?;

¿Manejaste en estado de ebriedad y hasta ahora te parece una cosa de lo más normal?;

¿Le pagaste al policía para que no te ponga una papeleta o no te lleve a la comisaria?;

¿Compraste jueces y fiscales?;

¿Coimeaste o aceptaste coimas?;

¿Falsificaste documentos?;

¿Maltrataste a las personas sean hombres o mujeres?;

¿Eres un mentiroso consuetudinario para lograr un objetivo personal? ¿Cuán cínico eres con los demás?

¿Eres el intolerable de la cuadra, del condominio dónde vives?;

¿Eres o fuiste el "roba cable", "el come pollo", "el chuponero de internet", "el infla pollos"?;

¿Compraste muchas cosas como celulares robados?;

etc, etc, etc... etc[n]

Entonces, luego de este pequeño ejercicio de conciencia donde tal vez podrás engañar a los demás, pero no a ti mismo, ahora dime ¿cómo calificas tu conducta, con una respuesta afirmativa a la pregunta del título del libro o no?

Ten en cuenta que esa valoración que te has realizado, debe haber sido bajo el ojo crítico de cómo tu conducta en alguna o mucha medida ha contribuido para que este país se esté desarrollando como una sociedad con alto grado de inconsistencia, cargado de actos de corrupción, sicariatos, asaltos en todas sus dimensiones, choques, volcaduras, atropellos con fuga incluida, coimas a diestra y siniestra,..., etc.

Pues en esta sociedad llamada Perú pareciera que todo lo antes dicho y otras cosas más se constituyen en una escala de valores que revela que todo lo descrito lo reconocemos como normal, cotidiano y permanente, por tanto es difícil poder aceptar un cambio de conducta, para ver las cosas de diferente manera.

Por tanto, todos somos culpables: unos por sus actos, otros como cómplices, al guardar silencio o simplemente ser indolentes de las malas prácticas.

Desde la conquista del Imperio incaico a la actualidad creo, si no me equivoco, no han habido movimientos sociales radicales que hayan logrado sacarnos de la cabeza el egoísmo y la envidia exacerbada que tenemos, y que las consecuencias de esta conducta sean vistas como normales, nos atreveríamos a decir que la escala de valores que aceptamos como acciones buenas en realidad serían acciones malas, y las acciones correctas, objetivas, ponderadas y lícitas serían lo malo. ¿O dime esta expresión no es común, que alguna vez no la escuchaste y con tu silencio incluso aceptaste?

¡No! A ese pata no lo consideren. Es un obstáculo, porque no entra en la jugada"

En consecuencia, la primera causa de la desgracia del país se constituye en la estructura genética que llevamos en nuestro cerebro y/o del producto de la crianza generada por el ambiente en que nos desarrollamos, ya que aceptamos como normal los efectos que generan una ambición y una envidia exacerbada. Como ejemplo veamos que la conquista del Perú por parte de los españoles se identificó como un cambio histórico, pero este evento en vez de cambiar la conducta más bien fortaleció el Individualismo Personal y Colectivo, porque se encontraron dos culturas diferentes, distintas, pero que coincidían plenamente en estos dos aspectos.

Como se dijo antes, lo genético lo llevamos en la sangre cada uno de los peruanos. Aceptémoslo como tal. Lo venimos arrastrando hasta la actualidad. Creo que no hay muchos indicativos para hacer modificar ese puntaje de 12 que tenemos dentro de una escala de 1 al 10 de grado exacerbado de interés personal. Entonces ya comprendo el significado de la relevancia que tiene la frase célebre "somos como los cangrejos negros porque nosotros mismos nos jalamos las patas para no dejarnos salir del hoyo en el que nos encontramos".

Bueno, a esta debilidad genética y de crianza que tenemos se suma un cataclismo que lo llamo "lo dulce", porque este pone más leña al fuego para opacar las esperanza de salir del hoyo en el que nos encontramos.

¿Y dime qué es lo dulce?

"Lo dulce" comprende el enamoramiento que viene orientado a la población, de implantar tendencias que en el mundo han fracasado, basadas en doctrinas sociopolíticas y económicas en donde la propiedad y la administración de los medios de producción deben estar liderados por el Estado, con la finalidad de distribuir la riqueza de manera equitativa entre todos. Esas tendencias atacan a las consideraciones de una constitución política que contengan un modelo económico libre de mercado, sustentando los argumentos que ese es un camino que alienta la corrupción, la inequidad de igualdad entre los peruanos, que es símbolo del olvido de los más necesitados, siendo esta plataforma el discurso que aprovechan, por ejemplo, para inducir a muchos conflictos sociales existentes, dentro de estos los mineros, para que contribuyan a desestabilizar el modelo económico y pidiendo a gritos que se convoque a una "Asamblea Constituyente". En realidad no nos damos cuenta que el modelo económico libre de mercado la mayoría de los países desarrollados y ricos lo adoptan.

El discurso de seguidores de estas tendencias es muy tentador, muy convincente por eso lo catalogamos "lo dulce", porque es muy bonito y enamora a cualquier mortal, pero en el fondo no se muestra el verdadero propósito que existe en su interior, que incluso ayuda a que fácilmente aventureros, o también algún outsider, tome las riendas del país, sin ningún plan de gobierno o camino estructurado, sin cuadros de militantes, ni técnicos, especialistas que le puedan dar un soporte de gobernabilidad.

Quiero hacer un paréntesis para agregar que en muchos casos por ahí sale un adalid o un "outsider" que puede aprovechar esas ideas tentadoras, o que esté en gestión, y que esté haciendo bien las cosas, pues inmediatamente los medios y las encuestadoras, lo ensalzan, lo promueven y lo califican como la alternativa de solución para gobernar, pero el pueblo "don nadie" no se da cuenta que solo son personas solas, sin estructura *organizativa, sin partidos político sólidos, sin cuadros organizados de personas y militantes.*

Bueno, volviendo a "lo dulce", la plataforma de esas tendencias, que se basa en esas doctrinas sociopolíticas y económicas en que la propiedad y la administración de los medios de producción deben estar liderados por el Estado, tiene como discurso que el liberalismo ayuda al asalto de todos nuestros recursos por parte de transnacionales y que viabiliza con facilidad la corrupción. Por tanto, el Estado tendría la obligación de dar todo, y sería necesario que un modelo económico libre de mercado sea removido de nuestra Constitución, regresando a las reglas que son similares y con las que tenemos como referentes en América a Cuba y Venezuela.

En nuestro Perú estas tendencias lo único que han traído es fracaso, porque, en vez de permitir que el Estado pueda tener mayores ingresos para poder solucionar una serie de problemas de la población, hace que se retraiga la disponibilidad de recursos, se cree la inseguridad jurídica para los que quieran invertir y apostar por nosotros, sean estos nacionales o extranjeros.

Entonces preguntémonos:

¿Y qué fue Cajamarca después de que Conga fue inviable como producto de estas tendencias catalogadas como "lo dulce", que convencieron a sus pobladores y tenían como pretexto el factor del impacto ambiental?

Pues Cajamarca se mantiene como el departamento con mayor incidencia de pobreza monetaria en el Perú, ya que alcanzó un rango superior del 46,3% en el 2018, según el Instituto Nacional de Estadística e Informática

¿Y esto qué representó para el Perú?

Los conflictos mineros en esa época simplemente ocasionaron pérdidas de miles de millones de dólares, en razón que es importante que conozcamos que la actividad minera representa más del 11% del producto bruto interno, que si solo en el 2014 los proyectos mineros se hubiesen ejecutado de acuerdo con el plan inicialmente trazado por el gobierno, el producto bruto interno habría crecido el 6.8% en lugar del denigrante 2.4%.

Entonces, viene la pregunta:

¿Si no existen medios de producción que generen ingresos al Estado, cómo se puede solucionar el clamor de todos los que quieren aumento de salarios, mejores atenciones de salud, mejor educación, policías bien pagados que se dediquen institucionalmente a prestar seguridad a la ciudadanía y a no parchar con trabajos adicionales de custodia a otros lugares en sus ratos libres para darse una mejor calidad de vida…, etc.?

Otros ejemplos de medios de producción que no fueron colocados ni son administrados por el Estado lo constituyen todos los centros comerciales como son el Jockey Plaza, Plaza Lima Sur, Plaza Lima Norte y otros a nivel nacional. Poniéndonos a pensar, ¿creen ustedes que, si no hubiera sido por la "inversión privada", estos medios de producción hubieran sido implementados por el Estado para brindar servicios a la población a través de restaurantes de gastronomía diversa, cines donde comes tu canchita salada con tu gaseosa heladita, venta de ropa, zapatillas, zapatos, etc., además que dan muchas oportunidades de trabajo a un gran porcentaje de la población y por tanto reduce la carga social al Estado?

Sin embargo, veamos cómo son esas tendencias que confunden a los electores y a la sociedad peruana en su conjunto. Ellos dicen que alienta la corrupción, que es inequitativo, pero en la práctica deberían decir a la población que el Estado siempre fue un pésimo empresario por haber demostrado ser ineficaz e ineficiente en ese rol, sino que expliquen a la ciudadanía, las pérdidas por más de 7 000 millones de dólares que se originaron durante las décadas de los años 70 y 80, producto de la administración que tuvo el Estado en diversos sectores como telefonía, financiero, hidrocarburos, aeronáutico, etc., y redundaron finalmente en un proceso hiperinflacionario, de desabastecimiento, aumento de la pobreza y el surgimiento de la violencia terrorista.

Otro ejemplo que merece análisis es durante el gobierno de Humala, que tenía inclinaciones hacia esas tendencias, a pesar que se mantuvo el modelo económico libre de mercado, muchas de sus Políticas Públicas que se implementaron fueron de corte asistencialista, con una plataforma de Inclusión social, y que en esencia todos estos originaron en gran medida que la economía sufra una desaceleración, pues el país pasó de tener un crecimiento de 6.5%, en el año 2011 a contar solo con 3.2% en el 2015, en gran parte por el deterioro de las exportaciones que cayeron el 26.3% en esos cinco años, de S/ 46 375.96 millones en el 2011 a S/ 34 157 millones en el 2015.

Además, es bueno recordar que Humala durante sus campañas políticas siempre tuvo la tendencia de volver a la Constitución del año 1979, al igual que varias agrupaciones políticas de izquierda. Muchos tal vez no sabemos cuál es la madre del cordero. Bueno, esa constitución entre otros establecía como régimen económico de la república que el Estado promueva el desarrollo económico y social mediante el incremento de la producción y de la productividad, la racional utilización de los recursos, el pleno empleo y la distribución equitativa del ingreso, asimismo el Estado deba formular la política económica y social mediante planes de desarrollo que regulaban la actividad de los demás sectores.

En resumen, lo indicado en líneas anteriores en palabras sencillas significa lo siguiente:

"Papa Estado es el que hace todo y administra todo"

Como ejemplo de lo dicho, veamos que, en los años cuando estuvo vigente la Constitución Política del 79, el Estado ponía el precio del pan, del azúcar, del arroz y de todo, y asimismo administraba los medios de producción. En este sentido, he ahí la cereza del pastel de esa constitución, porque contemplaba que el Estado era el que ejercía la actividad empresarial con el fin de promover la economía del país, prestar servicios públicos y alcanzar los objetivos de desarrollo.

Las tendencias del socialismo ya venían desde el gobierno de Velazco Alvarado y esa tendencia respecto al régimen económico se mantuvieron en una nueva Constitución Política del año 79 que dejó Morales Bermúdez, eso fue una causa que durante el gobierno de Fernando Belaunde no pueda haberse hecho mucho a favor de buscar un despegue como país.

Recordemos, además, que en el período de los dos gobiernos militares el país había quedado sumido en una serie de problemas sociales por la falta de empleo, los bajos salarios y una deuda externa considerable, que en el año 1970 alcanzaba unos 900 millones de dólares, y que pasó a ser de 8 000 millones de dólares en el año 1978, en el cual cualquier medio de producción existente en esa época no permitía recaudaciones y que ni siquiera pudiera atender el 10% de los servicios de esa deuda; todas esas consecuencias porque el Perú se había tendido hacia el socialismo.

Ya con esos antecedentes, durante el primer gobierno de Alan García (1985-1990) este gobernó bajo los alcances del régimen económico de la Constitución Política del año 1979, que realmente en el fondo tenía un corte socialista y que facilitó que al año 1990 se registre una hiperinflación acumulada que llegó a 2 178,49%, cifra que parece increíble comparada con el 3,23% de inflación que registró el

Perú en el año 2016, o con el 1,01% con el que se cerró el primer trimestre del año 2019. Sin embargo, la economía en el segundo gobierno de Alan García evidenció un crecimiento del producto bruto interno, en cinco años se registró en promedio un 7,2%, bajo el régimen económico de la Constitución Política del año 1993, dejando incluso reservas internacionales netas por 47 059 millones de dólares y un porcentaje de inflación del 2.8% en promedio, en comparación con el 2 178.49% de su primer gobierno, que estuvo bajo los alcances de la Constitución Política del año 1979.

Tengo en mente al igual que muchos peruanos que el gobierno de Belaunde dejó una economía crítica y en caída. Recuerdo que un pan llegó a costar un sol, ni bien tomó el poder el gobierno Alan García, si no me equivoco, con un mensaje a la nación a los dos días de tomado el mando. El precio del pan lo redujo "ipso facto" a 10 centavos de sol, actitud que se saludó efusivamente por ser una acción inmediata en beneficio de la población en general, y que se aceptó sin objeciones porque realmente existía una ignorancia de la masa electoral; sin embargo, ese fue el nacimiento de la gran crisis económica que terminó con una hiperinflación el año 1990.

Por tanto, todos los gobiernos que han tenido o tienen un corte sustentado en las corrientes socialistas y comunistas son inaplicables y en el fondo traen consecuencias fatales en las economías de un país en el futuro; sino veamos a nuestros amigos de Venezuela que ahora sufren la peor hiperinflación registrada en América Latina, que, si no me equivoco, por el desplome que está sufriendo su economía registrará un 10 000 000% el año 2019 y que para el año 2020 se estima una caída adicional del 10%, además de estar sumido en una gran deuda contraída a Rusia y China que tendrá que pasar muchos años para ser pagada con gran esfuerzo y sacrificio por nuestros amigos venezolanos, en conclusión tendrán que ajustar sus cinturones.

En realidad todos los modelos económicos que tengan tendencias de izquierda hacia el socialismo/comunismo han creado un pequeño grupo de capitalistas conformado por los propios gobernantes, porque ellos se convierten en los empresarios.

Por tanto, desnudemos los gritos de llamar a una "Asamblea Constituyente" para modificar el modelo económico que tenemos en la Constitución del año 1993, ¿serán porque es la miel que buscan esas tendencias para llegar al poder y luego enquistarse por muchos años y consolidarse en los nuevos empresarios y accionistas del Perú?; mientras tanto, ¿y la población qué? Bueno, dejo a la imaginación de cada lector.

CAPÍTULO 3

DE LA DEBILIDAD A LA FORTALEZA

En el Perú el sentido de la Identidad Nacional, se refleja en una actitud de entrega solo circunstancial y puntual que evidencia cada ciudadano de a pie, de aquel que sufre peruano sufre por esperar que nuestra selección consiga la victoria, o de aquellos 14 000 peruanos entre zapateros, médicos, abogados, etc. que ofrendaron sus vidas en las batallas por la defensa de Lima durante la guerra con Chile. Considero que esa actitud de entrega es efímera, solo nos une a todos frente al desencadenamiento de un estado de necesidad o peligro con una actitud solidaria y de amor por el prójimo, pero, cuanto pasado dicho estado de necesidad o de peligro, no sé si el corazón se vuelve duro y cargado de un Individualismo Personal e Individualismo Colectivo, vemos que esa conducta exacerbada impide que se mantenga perenne la moral y la abnegación que se registró como cuando se evidenció el estado de necesidad o peligro.

He aquí que en la actitud sobre las consecuencias de los eventos ocurridos, una parte de la población toma posiciones negativas para criticar, cuestionar, pedir y evocar la máxima severidad para corregir y castigar a los responsables en vez de seguir apoyando, pero hay otra parte que calla, somos indiferentes, indolentes, nos interesa un comino, seguramente porque vemos solo nuestros intereses personales y dejamos de ser solidarios.

En consecuencia, de una manera u otra forma el egoísmo y la envidia exacerbada nos lleva a que hagamos solo lo que más nos conviene, por tanto nos convierte en cómplices de todas las falencias e inconsistencias que se puedan desencadenar en el país, en donde el querer solucionar los problema se convierte más bien en nuevos problemas que *devienen en una tarea imposible de consensuar para bien, generadas por las raíces genéticas de nuestros pensamientos con intereses personales y colectivos exacerbados, es decir que siempre cada quien tira agua para su molino.*

Nuestro Individualismo Personal y Colectivo siempre nos tiende a crear amnesia, desmemoria, si no responden a nuestros intereses. Como dijimos antes, cuando se presenta un estado de necesidad y riesgo, primero actuamos de manera solidaria, sin embargo, pasan los días o meses, ni siquiera años, y nos llega el olvido, el ignoro y la negación, simple y llanamente generado por nuestra conducta genética y/o de crianza.

Un ejemplo entre otros fue lo ocurrido en el terremoto de Pisco el 15 de agosto del 2007. Primero, como siempre, la actitud es solidaria, en la que todos apoyamos con frazadas, se asistió a los heridos, se llevó alimentos, carpas, etc., luego pasó el tiempo y la actitud se tornó ausente en todos en general, en los gobernantes, en las autoridades, etc. Sino miremos que van ya más de 10 años de ocurrido el hecho y hasta ahora no se han terminado de restituir todos los estragos que sufrió esa población.

Otro alcance es la evaluación que hagamos de cuánto se ha avanzado respecto a la recomposición de las ciudades y pueblos del país que fueron azotados por el fenómeno del niño en los últimos años. O también miren cuán solidarios somos con la población de Chosica, que hasta se robaron las mallas geodinámicas colocadas para proteger de los huaycos, porque más pudieron los intereses personales o colectivos, que el estado de seguridad y la vida de miles de pobladores.

Asimismo, vivimos en un estado de inconsistencia y contradicciones, y un ejemplo de este fenómeno radica en que el Gobierno no dispone de recursos suficientes que le permita incrementar los sueldos y salarios a montos razonables a todos los policías, a esos funcionarios, a los obreros, a ese empleado, etc., para que alcancen un nivel adecuado para atender sus necesidades y obligaciones familiares a la altura de las circunstancias; es así que se genera una brecha no satisfecha en cada casa, en cada hogar.

Entonces la nueva pregunta sería ahora:

¿Y cómo nosotros los ciudadanos solventamos esa brecha?

En consecuencia, esa brecha que se constituye en la necesidad insatisfecha es muy probable que la corrupción, los actos delictivos en todas sus dimensiones se conviertan en la vía de satisfacción de dicha necesidad, porque primero lo ilícito es el salvavidas para solucionar la carencia y luego se convierte en una cosa normal, que incluso la escala de valores que pueda existir se modifica y se adecúa a este proceder, que luego realmente es aceptada por nuestra sociedad. O dime, tú, que para hacer cualquier gestión no te piden su chiquita y por lo general todos estamos en la predisposición de dar para que te agilicen o consigas algo.

Entonces nace lo contradictorio, porque cuando se evidencian esos actos delictivos todos exigimos probidad, justicia, que se castigue a los delincuentes, se corte cabeza al policía que recibe su chiquita, al funcionario que recibe la dádiva, etc.; es fácil delinquir y el día domingo ir a la iglesia a golpearse el pecho como si fuera borrón y cuenta nueva.

Pareciera que aceptamos como normal lo ilícito para convivir, pero tenemos el código "Pues piña al que lo cogieron con las manos en la masa, que le caiga todo el peso de la ley", como decir "Dios castiga el escándalo, pero no el pecado".

Díganme si ahora, según el costo de vida una remuneración mínima vital que alcanza en promedio los 930 soles, en realidad alcanza para satisfacer todas las necesidades, si solo un alquiler promedio de una vivienda es del orden de los 1 000 soles en sectores no caros de la ciudad de Lima. Veamos si ahora 100 soles valen algo o nada. Entonces con un sueldo o paga que estimo sea menor de 1 500 soles, mis respeto a esas personas, porque tendríamos que felicitarlos por la misión imposible de supervivencia que tienen que hacer mes a mes, obligando a que día a día vayan ajustando los cinturones de sus pantalones, hasta que tus tarjetas de crédito que inicialmente le tendieron la mano ahora los conviertan en los pasajeros del Titanic, que en su primer viaje chocó con un iceberg y junto con ellos se hundió.

Entonces volvemos a preguntarte una vez más:

¿Y cómo cubren las otras necesidades que superan el salario, el sueldo, la remuneración u otro tipo de ingreso?

Bueno, respóndete a ti mismo, y lo mejor creo es que iniciemos a buscar la vía de la solución.

En primer paso, es que debemos dejar de cuestionarnos y de criticarnos unos a otros sobre lo que somos, porque no comprendemos que de una debilidad puede nacer o sacar una fortaleza; he ahí el nacimiento de la solución para modificar la conducta de los peruanos para quebrar el Individualismo Personal y Colectivo y de este modo alcanzar una Identidad Nacional sólida.

¿Y cómo es eso que modificaría la conducta de la personas?

A este fenómeno lo llamo el "efecto multiplicador", y su concepción es muy sencilla porque responde en gran parte a la frase que dice "fuego se apaga con fuego".

En principio, todo nace en el egoísmo y la envidia exacerbada que tenemos como debilidad, para luego convertirla en nuestra mejor fortaleza. Para poder entender qué implica este fenómeno, de manera sencilla pongo estos dos ejemplos:

Vemos pasar al hijo del vecino del costado y apreciamos que le han comprado zapatillas de una de las marca "ya no ya". Entonces la reacción natural es "¿de dónde habrá sacado dinero?, seguro que está robando". En esencia su Individualismo Personal lo lleva a tener una actitud de manera natural e inconsciente llevada por su envidia y egoísmo, por lo que exclamaría, "si ellos le compraron, entonces ¿por qué yo también no le puedo comprar a mí hijo? ¡Qué tal raza!"

El otro ejemplo proviene de la cultura "4x4". La pregunta es ¿por qué en los últimos años se han vendido muchas camionetas "SUV (sport utility vehicle) 4x4"?. Pues simplemente, es producto de nuestra propia envidia y egoísmo personal, que por el ego de no quedarse relegados, de no ser opacados, de mostrar superioridad, de mostrar opulencia, nos ha llevado a comprar este tipo de vehículos, que incluso muchos de ellos posteriormente no tienen los recursos para poder pagar el mantenimiento periódico.

La debilidad en ambos ejemplos se refleja en la envidia y el egoísmo generada por lo que otros obtuvieron algo, pero su fortaleza aflora en el sentido de ambición de adoptar consecuentemente una conducta de lograr, de obtener, de no quedarse, de no ser relegado, de no sentirse menos, entre otras cosas.

Por esas circunstancias esa actitud es más fácil convertirla en una vía de perseverancia, que le inducirá a la persona a mantenerse firme, constante y con energía en la realización de un objetivo, proyecto o propósito, con el solo fin de alcanzar lo que quiera, a pesar de los obstáculos y adversidades que se puedan presentar.

En efecto, como la conducta del peruano siempre está pensando en sí mismo y no es solidaria, porque es meramente personal, es decir, solo para sí y nada más que para sí— o dime tú sí esta apreciación es una mentira o no— entonces es más fácil darle la yema en el gusto que optar por acciones represivas, de acciones de llamar a la reflexión, sea con cuestionamientos u otros métodos de persuasión, para que se pueda dejar de seguir pensando en el fondo de la misma manera.

Seguramente muchos historiadores, sociólogos, sicólogos u opinólogos me cuestionarán o me dirán lo contrario, pero creo que debemos dejar de vivir sin hipocresías y, como dicen, "es mejor lavar los trapitos en casa", y poniéndonos la mano al pecho aceptemos que tenemos esa debilidad; como mencionamos líneas anteriores, esa debilidad realmente se puede convertir en una fortaleza bendita.

Si sabríamos cómo explotar la debilidad que tenemos como una fortaleza, en el futuro construiremos una sociedad muy distinta, fuera de odios, sin pugnas entre políticos en una lucha fratricida que escuchamos en entrevistas, en los medios, como por ejemplo "te cierro el congreso", "te saco de la presidencia", "que te doy la confianza", "que no te la doy", pues eso solo crea inestabilidad y alienta de mejor manera a "lo dulce" que encuentra carne para sus intereses. Del mismo modo, veríamos una cultura "combi" refinada. Nuestros amigos de lo ajeno se convertirían tal vez en nuestros amigos de bien, los coimeros se convertirían en solidarios y luchadores de la sociedad, etc.; pues me faltarían líneas, páginas y tal vez tomos para seguir nombrando todo ese tipo de cosas.

Pues, como dijimos anteriormente, que el fuego se combate con fuego, démosle la cereza al pastel, saciemos la sed de egoísmo y de las ambiciones, satisfagamos la impotencia de los envidiosos frente a lo que no pueden conseguir, así el camino que debe de iluminar es habilitarles capacidad de gasto y darles mejores posibilidad de calidad de vida.

¿Y cómo logramos darles capacidad de gastos y calidad de vida a los peruanos para modificar la conducta que tenemos?

Muy sencillo. Solo tenemos que poner más billetes en los bolsillos de cada peruano y esto mitigará el Individualismo Personal y Colectivo; sin embargo, estimo que sus frutos recién se podrán ver en unas tres generaciones, dependiendo de cuándo queramos empezar o no.

Es necesario entender que la conducta genética, de manera más simple en lenguaje corriente, se puede entender en las siguientes expresiones que oímos frecuentemente "De tal palo... tal astilla", "Igualito a su papá", porque esas expresiones hacen mención a la influencia de la herencia sobre ciertas características o rasgos de los seres humanos. Algunos sostienen que los aspectos hereditarios determinan de manera decisiva características como la inteligencia, la personalidad, el temperamento; otros, que la influencia en la conducta proviene de la crianza y, simple y llanamente, es producto del medio ambiente donde se desarrolla la persona. En este sentido, fuera cualquiera de las dos posiciones con la que se quiera comprender la conducta del peruano, en realidad tiene de lo genético y de lo moldeado por la crianza el ser egoísta y envidioso exacerbado.

Para entender de mejor manera este postulado de poner más billetes en los bolsillos de los peruanos y combatir fuego con fuego, es importante hacernos la siguiente pregunta:

¿Cuál es la finalidad del hombre en la tierra?

Seguramente habrá respuestas de todo tipo, pero sea cual fuera la mejor respuesta, se reduce a una sola cosa:

"Preservar la especie humana"

¡Bingo! Entonces tenemos una buena fortaleza, porque al ser tan individualistas, solo veremos el beneficio del entorno que nos importa, que nos interesa. Díganme, cuando recibimos nuestros sueldos, nuestros beneficios, o en el caso de los que roban, de los que reciben coimas, de aquellos que *hacen pendejadas para lograr algo, prácticamente en el fondo ¿quiénes son los beneficiados?, en realidad son nuestra propia prole, es decir, nuestros hijos y nuestros dependientes.*

Porque cuanto más tengamos, seguramente ellos vestirán mejor, comerán mejor, tendrán una mejor oportunidad de educación en las universidades y colegios, tendrán mejores alternativas de acceso a internet, libros, etc.; en consecuencia, tendrán otra forma de visualizar la realidad, les llegará a gustar la lectura, que es carente en el peruano, conocer otros idiomas y otras cosas más que les dará mejores competencias para afrontar los nuevos retos y descubrimientos que serán propios del avance y la vida de la humanidad, y sobre todo dejaremos de ser una masa electoral ignorante.

Entonces la clave radica como ponerle dinero en el bolsillo de los peruanos:

La respuesta proviene, como dijimos en el primer capítulo de este libro, el Perú es una tierra bendita por lo tanto tiene muchas posibilidades y recursos para disponer de un nivel de economía alturado para brindar capacidad de gasto y calidad de vida a su población, porque en realidad como lo dijeron muchos el "Perú es un mendigo sentado en un banco de oro".

Ofrecer y facilitar la vía del flujo de dinero hacia los bolsillos de cada peruano radica en mantener el modelo económico que contempla la Constitución Política del año 1993 o en otra "carta magna" que de acuerdo a las circunstancias en el futuro se decida cambiar, en donde la iniciativa privada sea libre y se ejerza en una economía social de mercado, donde el Estado reconozca el pluralismo económico y sólo de manera subsidiaria realice actividad empresarial. En esencia debe ser un modelo en donde el propio mercado tenga que regular su propia oferta y demanda, y en todo su contexto se respete el derecho a la propiedad.

Por tanto un modelo económico anticuado basado en las doctrinas sociopolíticas y económicas en la que la propiedad y la administración de los medios de producción deben estar lideradas por el Estado, y que la riqueza deba ser distribuida de manera equitativa entre todos, creo que en este punto responde a una utopía y, por tanto, sería inaplicable para poder modificar la conducta, sea genética o de crianza, basada específicamente en el egoísmo, la ambición y la envidia como estereotipo, que creo es generalizado en toda la población peruana.

Es bueno recordar que en el mundo, a través de la historia, todos los países que adoptaron el modelo económico con pensamientos socialistas y comunistas simplemente no han funcionado y han tenido que regresar a modelos de libre de mercado, donde prevalece el respeto a la propiedad.

Sino veamos cómo eran la Rusia socialista y la China comunista, donde la población vestía igual, ganaba igual, comía igual, sin que se permita satisfacer las expectativas de desarrollo individual, de tener algo más, porque sus aspiraciones eran delimitadas por el Estado. Ahora estos países son más capitalistas que el millonario más grande.

Para ilustrar mejor y entender de manera práctica cómo el modelo socialista crea inequidades y es inaplicable, analicemos cómo convierte a las cúpulas o gobernantes en grandes capitalistas y millonarios, puesto que ellos dirigen las empresas del Estado y pues el Estado como Estado es un mal empresario. Como ejemplo, vemos a Fidel Castro, a ver si se explican sus 900 millones de dólares de fortuna; a Hugo Chávez, los 2 000 millones de dólares; o Nicolás Maduro, con un poco e ínfima suma de 859 millones de euros. Entonces si esas economías profesan la distribución equitativa de la riqueza, ¿por qué estos señores no comen en la carretilla de la esquina?, y lo más importante, ¿estos empresarios o accionistas del estado por qué no distribuyen su fortuna de manera equitativa entre su población?

Entonces ¿no creen que podríamos concluir que cuál sería el mejor modelo económico que permitiría poner la platita en los bolsillos de los peruanos?

¡Qué fácil respuesta! :

Un modelo económico donde exista una actividad libre de mercado y que exista sobre todo el respeto a la propiedad y el desarrollo de cada persona sin limitaciones.

Un ejemplo figurativo, explicativo y simple, de cómo funciona este mecanismo, es imaginar y mirar nuestra mano derecha con los cinco dedos en los tamaños acordes a la configuración humana, y por otro lado nuestra mano izquierda, pero esta con los cinco dedos del mismo tamaño. Ahora respóndame esta interrogante:

¿Cuál de las dos manos podría asir o agarrar de mejor manera una barra metálica delgada?

La respuesta se los dejo a la imaginación, pero todos debemos comprender que cada órgano que forma parte del cuerpo humano Dios lo puso para cumplir una finalidad con ergonomía y funcionalidad de la mejor manera.

Los dedos de la mano no pueden ser iguales porque no podrían cumplir una finalidad determinada, y creo que, además, tener los dedos iguales sería un obstáculo y no una solución; si no me creen, pues comprueben ustedes mismo.

En este sentido, el respeto a la propiedad sigue la misma dirección en la cual tenemos que aceptar que todos no podemos tener cosas iguales, entonces unos tendrán más que otros, unos actuarán por encima y otros por abajo, pero no existirán en ningún momento limitaciones a las aspiraciones que cada uno pueda factiblemente lograr tenerla. Pero también *dependerá de cada uno, y no estemos esperando como siempre que nos dé "papá gobierno".*

La capacidad de gasto, nos dará la calidad de vida, y la calidad de vida nos dará la posibilidad de alcanzar la esperanza de vida que en nuestro país se estima en los 78 años, si no me equivoco, porque, al tener mejores ingresos económicos, podremos alcanzar mejores servicios, mejores atenciones, mejores pensiones de jubilación. ¿No creen que es bonito cómo jubilados japoneses, norteamericanos viajan por todo el mundo y solo porque han conseguido esa calidad de vida y no están viviendo bajo regímenes como el de la Ley 19990, que solo lo que perciben les ayuda a la supervivencia, como si esta estaría diseñada para darle lo mínimo hasta que muera y deje de ser una carga social al Estado?

El Estado como Estado, de manera esencial, se debe preocupar de gobernar haciendo cuatro importantes actividades en el Perú. La primera debe cobrar los impuestos a todos sin excepción; segundo, crear reglas de juego adecuadas con normas y leyes para que los medios de producción o empresas privadas generen los recursos económicos y garanticen los intereses del Perú; tercero, con la recaudación de los impuestos, las regalías, etc. crear la infraestructura adecuada, como son carreteras puentes, vías, etc., y esta permita viabilizar el desarrollo de la economía; y, por último, brindar seguridad en todo sentido, entre esto referido a la seguridad ciudadana y la estabilidad jurídica que permita confianza para que iniciativas privadas nacionales e internacionales puedan invertir en los diferentes campos de abundancia que esta tierra bendita tiene o puede generar.

Con el cobro de impuestos se podrán incrementar los sueldos, con mayores beneficios mejorarán los programas sociales, se tendría mejores oportunidades de educación, pero, si nosotros mismos torpedeamos el tipo de modelo de economía con acciones como, el seguir alimentando rivalidades entre nosotros, con pugnas de idas y venidas en todos los sectores, creando inestabilidad y destrucción de las estructuras del estado, (que ponen en tela de juicio la autonomía institucional), las luchas de enfoques sin consulta de los padres, el persistir implantar las ideas y tendencias de izquierda que piden en todo momento a gritos que se convoque a una "Asamblea Constituyente", el no permitir que los proyectos mineros se viabilicen, entre muchas cosas. Entonces, seguiremos en este hueco y estaremos como los marineros náufragos, sobre un bote en alta mar dando vueltas y sin un sentido de dirección y rumbo determinado.

Es inconsistente que la riqueza se distribuya de manera equitativa entre todos, como nos quieren meter a la cabeza ciertas tendencias con discursos populistas, denominadas en este libro como "lo dulce".

Esto nos hace comprender que no se puede vivir con gobiernos asistencialistas, con una doctrina de ayuda a los pobrecitos, es decir, se debe dejar de pensar que el Estado se constituye en "papá Estado" y que siempre el Estado tiene que dar todo y nada más que todo.

Y la pregunta es la siguiente:

¿Y tú que aportas para mejorar tu capacidad de gasto, calidad de vida y modificación de conducta?

Miremos en los periódicos, en la televisión, todos los días, quejas y más quejas, pero no nos podemos a pensar que realmente de nosotros debe partir que, por más mínimo que sea el aporte que hagamos para satisfacer nuestro egoísmo y nuestras ambiciones que ayuden a preservar nuestra especie, esa acción se convertirá en el camino hacia el éxito.

Habiendo dinero en los bolsillos de cada peruano, los beneficiados serán las generaciones futuras, y entonces esas debilidades que reflejan nuestro Individualismo Personal y Colectivo se convertirán en la mejor fortaleza, que permitirán mejorar para sí mismo, siendo la educación el jugador más importante de la cancha sobre nuestros descendientes, porque les dará el camino para cambiar todas esas frases célebres y absurdas con las cuales nos calificamos día a día todos nosotros, como son "un peruano mata u otro peruano", "que somos cangrejos negros y entre nosotros nos jalamos las patas" o "dime, dime de qué están hablando para que me oponga", etc.

Como mencionamos en párrafos anteriores, haciendo un cálculo estimado de tiempo, creo que tendrán que pasar unas tres generaciones para que se modifique la conducta que tenemos los peruanos, entonces disculpando la palabra considero que estas tres siguientes generaciones continuaremos jodidos, porque conviviremos aún con todas las inconsistencias existentes hasta que se vayan reduciendo sus efectos y se castigue al que tenga que castigarse, y así se vaya incrementando progresivamente la modificación de la conducta por la vía de la educación según pasen los años, siempre y cuando nos comprometamos que a partir de este momento hagamos las siguiente dos cosas dentro de nuestras vidas:

"Por nuestros propios intereses, dejemos de lado de quienes quieren torpedear toda opción y posibilidad que permita que la economía del país pueda ponernos dinero en nuestros bolsillos".

"Por nuestros intereses y ego personal comencemos a impulsar a que nuestros hijos tengan mejores oportunidad de educación que nosotros".

Seguramente en este tiempo transitorio tendremos que aceptar seguir conviviendo con la corrupción en todos los niveles y manteniendo las frases célebres de todos peruano, porque de la noche a la mañana no se puede cambiar la conducta genética y de crianza de las personas, que como dijimos anteriormente que nos tardaría un estimado de tres generaciones si me quedo corto. En este orden de ideas, aún seguiremos siendo los dinosaurios que poco a poco nos iremos extinguiendo a través del tiempo.

Lógicamente continuaremos viendo cómo el cinismo seguirá siendo el arma principal con la cual negaremos rotundamente las malas acciones de nuestra conducta, donde muchos dirán que nunca robamos, que somos inocentes, que han tergiversado mis palabras, que jamás hemos hecho algo en contra de la buena fe, que no soy un corrupto, que soy impecable, y que lo volvería hacer por mí y el bien de mi pueblo si es necesario, aunque me levante millones de dólares.

Por tanto, ¿no creen que sería una falacia piadosa pensar en lo siguiente?:

"Bajo el símbolo de la lucha contra la corrupción, sería una mentira que cortando la cabeza solo a los peces gordos erradicaremos este mal, porque, si hablamos de corrupción, este realmente está infectado de pus en todos los niveles, desde lo más alto hasta los más bajos niveles. Entonces, en función a esta lógica, a todos nosotros sin excepción primero nos deberían poner prisión preventiva por ser miembros activos de una organización criminal, para que luego coloquemos rejas a lo largo de todas nuestras fronteras y purguemos nuestra condena en esta cárcel que tendría que llamarse Perú"

Del mismo modo, creo no equivocarme que en este país mientras no se cambie la conducta, se nos hará muy difícil creer entre cada uno de nosotros que estemos actuando con endereza, probidad, buena fe, simple y llanamente porque, al ser herederos de la misma población y vivir en un mismo medio, tenemos metido en la cabeza, unos más que otros, el egoísmo y la envidia exacerbada.

"Entonces, ¿no creen que reina la desconfianza y en muchos casos la desorientación? Como ejemplo pongo y a la vez pregunto ¿cómo usted valoraría y pueda creer a una persona o un determinado grupo que dice que "ellos son los corruptos y nosotros no", si en esta tierra bendita nunca hemos hecho nada por modificar nuestra conducta exacerbada proveniente de nuestra herencia y crianza? O ¿será gente con sangre azul? Por tanto, creo que entre gitanos no podríamos leernos las manos.

¿Y por qué la educación es la vía del éxito?

La educación, al constituirse en el camino hacia el éxito como efecto modificador y multiplicador de la Identidad Nacional, en tres generaciones estoy seguro que cambiará las formas de pensar y de actuar.

En este sentido, cuanto más dinero tengamos en nuestros bolsillos, las alternativas de calidad de vida serán mejores, las condiciones de la educación serán más esperanzadoras y, por consiguiente, las nuevas generaciones tendrán mejores oportunidades, mejores conocimientos. Consecuentemente, se logrará un impacto positivo que progresivamente cambiará esa conducta Individualista y Colectiva que es nuestro común denominador en la actualidad.

Explotemos la debilidad que expresa este ejemplo, que cuando tu amigo, colega o vecino se jacta que sus hijos estudian en una buena universidad o colegio, ¿cuál es tu primera reacción inmediata? "Yo también tengo estudiando a mis hijos en los mejores lugares del país", ensalzando el colegio, el instituto o la universidad respectivamente.

Por tanto, piensa bien y ahora en adelante apuesta por la educación, porque es el camino del éxito y el efecto multiplicador de la Identidad Nacional.

En conclusión, el efecto multiplicador se dará solo si tú, mi querido lector, que has gastado un poco de tu valioso tiempo en leer este humilde o áspero libro, según como lo veas, y luego que hayas hecho una reflexión de tu conducta, le pidas a otro peruano que haga lo mismo que hiciste tú, es decir, que lea este libro, y así sucesivamente.

Guiovani Gastañaga Alvarez

EPÍLOGO

Partiendo de nuestra debilidad originada por la envidia y el egoísmo exacerbado que tenemos y que la denomino como Individualismo Personal e Individualismo Colectivo, y viendo de otro contexto, llegamos a concluir que en realidad esa debilidad es una fortaleza, y que esta fortaleza puede ser explotable a través de la misma naturaleza de la envida y el egoísmo. Por cuanto por el beneficio de nuestros propios intereses, se puede lograr cambiar nuestra conducta dejando fluir todas las actividades relacionadas a una economía libre de mercado para así llenar el bolsillo de los peruanos y lograr saciar la sed de egoísmo y envidia. Esto permitiría un cambio social importante en el país que estimo tardará unas tres generaciones desde el momento que exista la predisposición de cuando empezar.

El cambio de conducta de nuestra sociedad recaerá en las mejores oportunidades de educación que tendrán nuestros descendientes y dependientes, en cuyo futuro los hijos de los hijos de nuestros hijos tendrían una actitud y conducta más solidaria, donde reine la ponderación y la objetividad, con una sólida Identidad Nacional a la altura de las circunstancias.

Es importante agregar que la modificación de la conducta del peruano no pasa por la restructuración de las organizaciones, de crear más leyes, de evocar a gritos una Asamblea Constituyente para cambiar el modelo económico del país para dar paso a otro radical o extremista. Ese problema recae simplemente en el factor humano, por tanto por más cambios que se haga en las organizaciones u otros artificios que se quiera modificar con el mismo nombre u otra denominación, si no se logra modificar la escala de valores que llevamos en nuestra conducta, entonces seguiremos en el mismo limbo.

En resumen, si el peruano no cambia su Individualismo Personal e Individualismo Colectivo que lleva en su interior, apreciaremos que en el futuro tendremos lo mismo que hemos visto y estamos viendo en la actualidad, es decir, corrupción, desorientación, vejámenes, menoscabo, etc.